Wenn ich

schon mal

da bin...

Jack B. Smith

Herstellung und Verlag:
BoD – Books on Demand, Norderstedt
ISBN: 978-3-7528-9460-8

<u>Warum ich nicht</u>
<u>an den Zufall glaube?</u>

Weil es <u>zu</u> viel/<u>zu</u> wenig
Lottogewinner/Verlierer
und
<u>zu</u> viele/ <u>zu</u> wenige Blitzschlagtote/
-überlebende gibt

Bin ich zu oft in unserm heiligen Sturm
gestorben - nun ist er
mir ein samter Rosengrund.

Auf aller Wege liegt er allweit da, sacht
sticht er mich von seiner Dornenschar.

Keine Straße die nicht trägt,
der Blüte neuer Sänge Klang.

Dort im Schlafe war,
in dem was war vergehend,
erstehen aus dem Zwischenklar.

Wiegen gedachte Küsse von Dir, auf
mir brennen alle diese viel zu schwer.

Halten immer mehr die auf dir, in
Hitze suchenden Gedanken an mich ,
viel zu tief mich auf dir.

Halte an dich alte Weise, suche
was dorthin in Lichter Schar
Altfordern war.

Zu keinen Zeiten je gewogen, was in
diese Hallen in weiser Hitze
ward gelegt.

Sprechen neue Mythen
alter Art zu uns,
Singen heilere höhere Choresklänge.

Band um Band in unsere Hallen, alle
Lettern aller Zeit aus ewigen
Momenten.

Heiler Worte Feuersturm brannten,
in uns alle alten Wunden fort.

Mauern uns aus ihrer Asche,
frische neue Freiheit -
ein ewig strahlendes Gefieder.

Stürme werden daraus losbefohlen,
neue Heimat unsrer hohen Herzen,
ein festes unverwüstlich' Tragen,
wider alle Wellenwölfe
immerfort in uns.

Ich mag die Nacht. Sie ist kühl, klar und friedlich. Die Straße fließt unter mir vorbei wie ein ewig grauer Fluss.

Der Mond erhellt oder lässt alle Dunkel.

Stunde um Stunde, Tag um Tag. Wochen, Monate und Jahre. Doch eigentlich bin ich in einer Wüste.

Der heiße Sand brennt unter meinen Füßen.

Die Sonne macht einen Blind und verbrennt einem die Haut. Und während einige Teile von mir zu diesem Glimmen in der Ferne aufgebrochen sind, sind andere dabei, Sand zu sortieren.

Sandkorn um Sandkorn nehmen sie, legen alles von der einen Seite auf die andere.

Erst wenn sie damit fertig zu sein scheinen bemerken sie, dass sich nicht verändert hat.

Sand Sortieren, nach Größe, Farbe, Form und atomarer Masse.

Die Hitze der kargen Weiten macht die Haut ledrig und dick.

Die Hitze wird nicht weniger, sie stört einen nur nicht mehr so wie damals als man losgegangen ist, und noch irgendwie komplett war.

Die Füße wissen noch tief in sich warum sie aufgebrochen sind.

Sie sinken in den staubigen Sand ein.

Schneiden sich auf an messerscharfen Steinen deren Spitzen sich tief ins Fleisch bohren.

Mein Herz kennt dieses heilende Flackern in der Ferne, das einen Teil tief in ihm entzündet hat.

Wie ein Docht, der nicht verlöschen will oder kann.

Ich sehe um mich.

Die Dünen spenden dem letzten Licht meiner Augen Frieden.

Wie weit der Leuchtturm in diesen Meeren aus Allem und Nichts ist, kann ich nicht mehr sagen.

Ich meine die Brandung zu hören und eine Möwe gesehen zu haben.

Einen Schatten davon, eine Vage Silhouette.

Man betet diesen einen Vogel an, weil man meint, dass er ein Anker ist den man in die Tiefen sendet um Halt zu finden.

Um alle Teile von Sicht zu sich zu ziehen und zu vereinen.Damit man nicht mehr als Mast ohne Segel,und Segel ohne Mast, oder bloße Takelage auf die Klippen zusteuert.

Dinge gingen über Bord und sind schon vorausgesegelt.

Große alte Teile die mir durch die Zeit von diesem Land erzählen auf das ich meinen Kurs gesetzt habe.

Und während ich zu Sand zerfließe, und der schneidend heiße Wind mir das Fleisch von den Knochen Schält, schmecke ich das Meer auf meinen Lippen.

Auf meiner Zunge ist das Salz dieser Erde und füllt meine Seele mit dem Rauschen der Brandung.

Wer denkt woanders ist das Gras grüner,
dem sag ich aus Erfahrung -
Zuhause
ist das Gras am grünsten !
Alles andere ist Kurzsichtigkeit...

-

Das Zuhause eines Menschen ist dort wo er sich selbst in sich findet. Wo er er selbst sein darf. An das er zurückkehren kann ohne zu fürchten. Man liebt das was für einen selbst das Zuhause ist. Gleich wo man dieses auch immer finden mag. Man erfährt sich verändert und findend. Erhält sich selbst, den Teil von sich und dem was Zuhause ist um komplett zu sein. Wachstum muss nicht mehr erkämpft werden sondern geschieht aus sich selbst heraus. Aus einem Frieden und einer Kraft die aus sich selbst geschöpft wird. Aus einem ganzen Brunnen und nicht mehr aus einem Loch im Boden das ohne Wasser ist.

-

Eine Sache muss nicht am Anfang von etwas Sinn machen, nicht einmal währenddessen, sondern erst am Ende.

Wenn also eine Situation oder etwas was passiert keinen Sinn ergibt, ist es wahrscheinlich noch nicht vorbei.

*Das Offensichtliche ist
ein Schatten des Wirklichen.*

-

Die Dinge sind fast immer schlimmer
als unsere beste Idealisierung und
fast immer besser als
unsere schlimmste Befürchtung.

-

<u>Für deinen Realitätsbezug :</u>

Du kannst nicht nachweisen
ob du nicht erst vor 5 Sekunden,
mit allem was du hast,
bist und weißt entstanden bist.

-

*Manchmal will das Leben
gar nicht ernst
genommen werden.*

*Manchmal nimmt es sich
aber auch zu ernst.*

**Auch wenn es mit uns
ein Kreuz ist oder Samt,**

**das Leben was das unsere
auch immer ist,**

ist ein Sei.

- Telefonat – Sie sind der „Auserwählte!!!!" -

„...also sie rufen immer zu so ungünstigen Zeiten an.
Ich muss gleich auf eine Beerdigung."
„Oh mein Beileid, wer ist denn verstorben? Ich hoffe niemand der ihnen nahe steht."
„Doch leider...*Sniff/schluchz*
...mein Goldhamster Herbert. Er war lange Zeit schon sehr Deppresiv und sein Psychiater hat ihm daher auch schon längere Zeit zu einer Therapie geraten. Wissen sie seit man dieses Experiment mit ihm gemacht hat damit er Nachts leuchtet, ging es mit seiner Ehe nur noch bergab.
Er fing zu trinken an und hat immer spätnachts seine Frau verhauen, die hat ihn dann verlassen.
Mit seinem Hund, den Kinder und der Erbporzellantassensammlung von seiner Tante Frieda. Jetzt habe ich ihm, zur Aufmunterung Bärlauchspaghetti mit dieser raffinierten Käsesahnesoße von diesem Sternekoch gemacht, und daran hat er sich letztes Wochenende aufgehängt.
Die Schlaufe war sowas von Akkurat geknüpft...ich hätte ihm wirklich das W-Lan Passwort nicht geben soll..."
„WOLLEN SIE MICH VERARSCHEN?"
„Also, sie rufen mich hier vom über fünfhundert Kilometer entfernten Wien an, und teilen mir mit sie wollen mit mir über Internetinvestment reden.
Sie hätten mich von den letzten Fünfhundert Menschen aus ganz Deutschland, Österreich und der Schweiz (kombinierte Einwohnerzahl um die hundert Millionen) auserwählt und ich könne gleich auch meine Bankdaten bei ihnen auf der Firmenseite eingeben. Also wer hat Angefangen von uns zwei?"

Oft werden in gesellschaftlichen -, familiären - und auch im Beziehungskontext Kostellationen geführt, in denen man sich aus Gewohnheit bzw. innerer Selbstaufgabe heiligspricht. Was im Grunde eine andere Form des Stockholm-syndroms ist. Führst du also eine Ehe bzw. im normalen Sinn vermittelte Liebe kann es eben auch sein, dass du nur von dir selbst bzw. der Natur ausgetrickst wurdest zur Arterhaltung des Menschen, und keine wahre Liebe neben dir sitzen hast. Wenn man das alles lange genug mitmacht kommt man dahinter oder eben nicht. Zur Sichterweiterung kann der führen der das harte Gegenteil deiner festgefahrenen Sichtweise auf die Dinge sein ganzes Leben, oder einen gewichtigen Zeitraum selbst lebt.

Wo wahre Liebe zwischen zwei Menschen ist und sie getrennt wird, ist jedes Einzeln gelebte Extrem absolut destruktiv für beide. Nur gemeinsam gelebte Liebe ist Lebendig.

Obgleich ich auch weiß das der Weg zum Ziel absolut unbesehbar ist. Er ist schon vorhanden und ich kann ihn durch den Weg der hinter mir liegt mit festeren Schrittes gehen. Es liegt nicht an mir allein und auch nicht am anderen. Sondern vor allem auch an den Umständen, einmal auf meiner und einmal auf ihrer Seite.

Wälder aus Sirenen schweigen nun
an mich immerfort.

Bin ihnen nun, seit
diesem einen hellsten einen
ewigen Momente an,
auf allzeit zu fern geworden.

Dieser einen, aus
klarstem wärmsten Stern geborenen Königin, sang
dies einen Wort aus ihrem Herzenskelch an mich.

Durch Nebellabyrinthe strahlt nun ihr helleres
Licht , scheint mir klarer auf diesen meinen
altbekannten Pfaden, mir
den sichereren Schritt.

Lachend Hand aus fernen Feldern bist du
mir in diesen Neuen Tagen weiter Dämmerung.

Altes Weh lässt mich vergessen durch deinen
immerwarmen Schein.

Streng jagst du aus mir,
auch dem was Größer steht mit uns,
das Gedankenklagen alter Zweifel-Wunden fort.

Thronest dort in hoher Hallen weite,
wirst ein Mensch genannt,
doch heller hörte ich keinen
jemals an mich klingen.

Es gibt Menschen die schaffen etwas, einen zum Selbstwert zu bewegen. Eigentlich ist es jedoch genau das, der Standard den ein anderer an identifikationsschwerem Selbstwert an uns legt.

Ein Gewicht das uns durch alles schiebt und trägt uns hinabreist in uns selbst. Mehr und mehr von uns offenbart als gut für einen allein ist. Liebt man etwas oder jemanden? Darf man diese beiden Dinge trennen? Gegenständlichkeit und ein echtes Selbst. Bedarf das eine des anderen um überhaupt zu sein?

„Liebe ist so schwierig.“
Wie bei allen Erfindungen ist es auch hier so, das sich der Erfinder was dabei gedacht hat und es Menschen gibt, die nur nicht gelernt haben, *wie man damit umgeht.*

Es wird ein Punkt gesetzt. Etwas eindimensionales in etwas multidimensionales eingefügt um es von innen her zu erfüllen und überhaupt komplett zu machen, es von sich aus zu verbessern. Es ist ein einziger Augenblick in dem du etwas weißt.
Du weißt nicht genau woher oder wer dir das sagt. Aber du weißt es. Jemand macht die Türe auf und du weißt dieser Mensch und kein anderer. Du wirst diesen Menschen heiraten Kinder mit ihm haben und und und...
Es ist aber ein Trauma das entsteht.
Eines das auf beiden Seiten stattfindet.

Das etwas in einem selbst traumatisiert und zu einem größeren Selbst bewegt.
Eine bestimmte Art der Angst impliziert, die daraus entsteht, für einen alleine viel zu groß ist und nur gemeinsam zu zähmen ist. Man ist durch etwas traumatisiert das sich Schicksal nennt.
Eine größere Ordnung in sich ist mit zwei Personen passiert und hat sie in ihren Grundfesten erschüttert. Alles zittert und man selbst stürzt in diese heilige Ordnung die man erkannt hat aber nie offen sondern nur immer tief in sich trägt.

Es ist nicht die Aufgabe eines anderen dich zu lieben, sondern deine.
Es ist nicht Aufgabe der anderen deinen Partner zu lieben und anzunehmen, sondern deine.

-

„Schatz... die Welt,
es ist alles so... so...kompliziert!"
„Dann lass uns doch gemeinsam komplizierter sein für die Welt. Ich glaube das würde viele Dinge einfacher machen."

-

Wunde geschlagen von falscher Liebe steht auf dir und entstellt. Echte Liebe schlägt tiefere Wunden die dich heilen und veredeln.

Entweder eine Sache steht zwischen einer Liebe oder die Liebenden stehen über dieser Sache.

Die dauernde Prüfung des Soll-Selbst in unserer Gesellschaft unterbindet eine freie Entfaltung des Ist-Selbst. Die vermittelte Normalität kann nicht grundsätzlich erreicht werden aus der nicht selbst bestimmbaren Individualität.

Das vorenthalten des tieferen und des auf den Einzelnen und seines Lebens abgestimmten freien Entfaltens ist etwas an dem unsere Gesellschaft immer mehr und mehr zerbricht.

Vom Einzelnen aus zu den Vielen.

Unsere Gesellschaft bietet meiner Meinung nach viele Freiheiten für die persönliche Entfaltung des Einzelnen.

Lediglich wird dem Einzelnen immer ein Bild vermittelt von einem zu erreichenden Ziel.

Somit ist er auch immer einer fortwährenden Selbstprüfung unterworfen. Jeder Mensch sollte bei seinem eigenen Leben anfangen.

Dieses Individuell betrachten ohne Druck.

Oft wird eine freie Auseinandersetzen jedoch verwehrt und es wird nur von dem zum Abstraktum gewordenen verlangt zu funktionieren.

Ich empfehle zur Partnerwahl, nicht den edlen Ritter auf dem weißen edlen Ross, sondern eher den verrückten Professor auf dem sturen Esel.

Weil das eine eine Selbsttäuschung ist und das andere Näher an der Realität.

Was ist das für eine Situation in der zwei Menschen sich gleichzeitig vor der jeweils eigenen unschönen Wahrheit schützen? Aus den gleichen Gründen versuchen nicht sie selbst zu sein. Darf man es eine Lüge nennen oder ist es etwas das außerhalb davon steht. Ein Punkt bzw. eine Handlungsweise die zwischen Lüge und Wahrheit steht? Zum Schutz des anderen, weil der andere Wert an sich für einen hat. Das ist in einem Sinne ein Wertbeweis an den anderen, im anderen an sich selbst.

Eine weitere ist hier die Unterscheidung zwischen dem negativen und dem positiven, also dem absprechen des menschlichen Wertes und der Implikation einer Verdinglichung. Also des absprechen des Menschen vom Menschen. Das der Mensch selbst nicht als Achtens- und Schützenswertes Wesen gilt sondern als Gegenständlichkeit in diverser Weise.

**Als ich einsam war, war ich nicht alleine.
Als ich Alleine war hörte meine Einsamkeit auf.
Weil mich keine Wunschvorstellung verlies
sondern meine Heimat, die einen Teil von ihr bei
mir lies, als sie fortging. Als ich Einsam war fiel es
mir nicht auf. Einfach weil ich von dem ganzen
aussen herum so sehr abgelenkt war. Mir
persönlich ist es lieber wie es jetzt ist, weil es für
mich ehrlicher mir selbst gegenüber ist.**

Stelle man sich vor man würde einer Idealisierung unterliegen. Etwas als nicht das anzuerkennen was es ist. Menschen die etwas besser machen als es ist.

Oder es anders sehen nur aus einer Selbstaufgabe. Wenn ich mir einen Partner wählen müsste so würde ich mich für einen biophilen Menschen entscheiden der Selbstverantwortung gelernt hat. Der genug Selbstvertrauen und auch Selbstwert hat. Also einen der für das Leben ist. Jemanden der nicht vergisst wer er ist und was ihn Leben lässt. Biophile Menschen sind für mich sehr Selbstlose Wesen. Die oft für alle anderen den Kopf hinhalten und darüber sich selbst vergessen oder gegen ihre eigene Verantwortung handeln und dabei bis zum Äußersten gehen.

Deshalb Selbstverantwortung.

Einem necrophilen Menschen, also jemanden der nur Materielle Dinge liebt und nicht das Leben an sich und nicht das Lebendige, Fremdverantwortung beizubringen ist in meinem Augen sehr viel schwieriger.

Ewig ist es in mir,
dein Anker stemmt hinfort,
was schwach war immerfort.

Kette spannt vom seichten Wehen,
fassen lichtlose Blicke ihn nur an.

Schritte lenken ihn mir weiter,
durch der Wüste ewig Sand.

Reist er mir fort auch all das Fleisch,
dieses Herzlot ist mir steht's ein Segel.

Deine Augen leuchten aus ihm heraus,
durch alle Nebel weisen sie, mich
reichgemachten Fischer.

Tiefe Klingt an mich, aus
ewiger Hallen schallt es mir, dort
ein Zaubern das nie mehr zaudert.

Fester Hand senkt sich der Hammer meiner
Schmiede,
dessen Feuer nie verlöscht,
denn seit du bist ist es immerganz.

Bande sind es diese wahren,
andere währen mir zu erlogen,
von mir für mich von dir in mich.

Liebst Du?

Ich Liebe.

Wen oder was?

Kann man etwas oder jemanden lieben?

Ein Ding ist ein Ding.

Ein Mensch ist ein Mensch.

Wo war sie?

Fort. Immerfort ist sie jetzt, in mir.

Woher?

Ich weiß es nicht.

Wo schaust du sie?

In mir. Mir, diesem Pfeiler der nur allemal eine
Dimension erhalten hat.

Fehlte sie?

Sie fehlte.

In mir?

Ja. Eine halbe und
kein Ganzes war sie mal.

Wo hast du das gefunden?

Andernorts.

Und sie ist nun auch dort dieses finden,
im Andernorts.

Wo ist das ?

Es ist kein Ort, es ist keine Zeit.

Es ist ein Ort in der Zeit.

Reist du dorthin?

Nein, er reist zu mir.

Wann?

Dann.

Dann?

Wenn es soweit ist.

Wenn was soweit ist?

Wenn mein Ewiges die Endlichkeit mit mir soll.

Ist es noch weit?

Es war immer das morgen.

Morgen ist es soweit?

Nein, es ist immer morgen.

Was ist immer morgen?

Man sagt mir nur nicht wann dieses immer morgen, morgen wird.

Ist es grausam für dich?

Ja.

Wie hältst du das warten aus?

Ich warte nicht, ich existiere.

Ist das nicht Leer?

Nicht mehr.

War es das je?

Ja, das war es.

Wann war es das?

Als ich noch nicht existierte.

War es dort weiter?

Nein es war immer morgen.

War es dort eine Zeit?

Nein, es wurde damals
keiner Zeit gesagt.

Wurde das je?

Nein, heute nicht wie damals nicht.
Es war immer morgen.

Auch wenn du existierst?

Ja, aber die Tage
haben andere Farben.

Welche?

Keine schneidenden mehr.

Wo haben sie geschnitten?

An anderen Stellen die ich vergas.

Blutest du noch?

Vielleicht kann ich das nicht mehr.

Bist du Einsam?

Nein Allein.

Hier?

Wo ich Zuhause bin.

Von wem?

Von dem was bei dem
das bei mir Zuhause ist.

Was sind das für Orte?

Keine Orte.

Sind es Wesen?

Ewigkeiten die dort leuchten.

Zur Ruhe, bis Gewohnheit hin leben
um Ungewöhnliches darin zu sehen
das Normale darin zu erkennen
den Punkt in sich selbst zu finden
um das Wunder an sich zu leben

Die Frage die sich stellt, warum befinden wir uns in Verbindungen mit Menschen die uns aller Offensichtlichkeit nicht Guttun, jedoch diese Menschen nicht verlassen (können oder wollen).

Für mich sind dies lebensentwicklungshilfreiche „Partnerschaften". Nach der Verdängungs- und Konditionierungslehre, bleiben wir in diesen Partnerschaft weil unser Schmerz unter der Schwelle der erhaltenen Belohnung bleibt. Ist diese Waage in anderem Ausschlag verlassen wir nur zu gerne und auch völlig freiwillig die Verbindung. Die Frage ist nun also nicht ob sondern wann der Mensch diesen einen Pegel überschreitet. Von einem Lern- zu einem Lebenspartner. Alles in sich ist Selbstwert und geschieht in Selbst-und Fremdverantwortung. Selbstverantwortung – Das was ich mit mir machen lasse. Fremdverantwortung – Das was ich mit anderen mache. Doch alles geht vom Selbstwert aus.

Die „KOMMUNIKATION" mit Ihr···

···ist wie Schachspielen

"Hey Liebling, Schach!"

Mit gefestigter Überzeugung Antwortet sie dann meistens Dinge wie...

"Dann bin ich dran mit würfeln. Ich hab mit den 7 Würfeln zusammen einen 4051 Yahtzee Pasch, darf dann mit meinem Lebkuchenzauberer bis auf den Strafraum vorfahren, nehme das Queu, Schlage ab, habe Mühle mit meinem Labyrinth, kann dann über das Gefängnis vor bis auf Mitteleuropa ziehen, deinen Flugzeugträger mit dem Arbeitszimmer fangen, damit dann mit meinen Nilpferden deinen Hut fressen, deine 5.Figur zurück auf den 15. Mittelkreis stellen, kann dann wie immer an die Zahlenreihe hier mit der Badstraße vollmachen und hab gewonnen!"

"Ähm... Schach...?"

Versuch ich dann noch hinzuweisen...

"Da muss ich dir zur einzigartigen Abwechslung mal recht geben...TOR!!!!
Du weißt ich liebe Schach, ist so einfach.
Ach schau, da drüben spielen sie Fußball, ich hol mal schnell mein 3er Holz und die Pfeile."

"Okay Schatz, ich glaube nächstes mal spielen wir Mensch ärgere dich nicht!"

"Genau, das verstehst dann auch du leichter. Also ich erkläre es dir gerne nochmal, damit sogar du es verstehst. Wenn du die Stäbe mit den Ereigniskarten aus deinem Turm ziehst. Aber höchstens 5. Dann darfst du 173 Felder vor bis zum Arbeitszimmer und da dann..."

Ja, man hat ne interessante Zeit...

- - -

Wenn du dir etwas selbst verbietest,
dann solltest du das Gesetz prüfen
auf dieses Verbot beruht
und seine Paragraphen

-

Wenn etwas in einer Situation eine gewisse Berechtigung hat, dann kann es eben auch vorkommen. Es gibt kein Absolut bei Allen und bei Allem. Es gibt die individuelle Normalität mit einer Individuellen Berechtigung für bestimmte Dinge.
Jede Konstellation hat eine andere Berechtigung. Wenn ich also meine eigene Konstellation mit denen der anderen vergleiche erkenne ich nicht was in meiner individuellen Konstellation Berechtigung hat.

-

Das „Selbstgesetz". Etwas das aus dem eigenen Leben heraus eine Berechtigung für einen individuelle hat. Durch das erfassen von sich selbst und allem was „mich" in meinem Leben ausmacht. Welche Berechtigung hat einen Konstellation bei mir die sie bei einem anderen nicht hat? Bei mir hat diese oder jene Konstellation eine individuelle Berechtigung weil ich es für mich als gesunde Individuelle Normalität erfasse. Ich handle aus einem erweiterten Selbstwert, der Selbst-und Fremdverantwortung daraus impliziert.

-

Wenn eine Gesellschaft die Wahl hast, zwischen erschossen oder aufgehängt zu werden, sollte sie in jedem Fall schon mal prüfen wer der Kläger, wer der Richter ist, und wie ihre Anklage lautet.

-

Solange der Mensch sich an die Ketten der vermittelten Normalität gebunden ergibt, lebt er immer unter den Möglichkeiten seiner individuellen Normalität. Er bleibt immer weniger als das was er ist und wird sich nie darüber erheben. Im Grunde sind viele der Schwierigkeiten und Unwägbarkeiten in der Gesellschaft und in uns selbst daraus entstanden und darin zu finden. In dem verwehren durch die vermittelte Normalität sich selbst gegenüber.

Es ist nicht der Idealzustand den man aufgedrückt bekommt sondern den man in seiner eigenen Individualität nicht erkennt das einem von dem abhält was man sein kann. Den Garten des inneren Selbst, das Herz und den Geist sowie überhaupt das gesamte individuelle Selbst zu erfassen und zu Pflegen, bringt uns zu dem was uns aus den Grenzen der vermittelten Normalität ausbrechen lässt.

Suche und du wirst ewig Suchen.
Finde und du weißt nicht was.
Was füllt den Sucher an dem finden?
Ist es der Glanz an den Dingen etwas das
an den Dingen verwandt mit ihm ist?

Eine Sache ist weder schlecht noch gut.
Sie ist weder noch. Sie dient der „Sache". Der über gelagerten Entwicklung die für den Einzelnen vollkommen uneinsehbar sein kann. Die Kritik an etwas bezieht sich auf den Bezug zu einem Abstraktum und dem Unverständnis des Zusammenhanges mit anderen Dingen. In Amerika gab es eine Frau die ihren Hund zum trocknen in die Mikrowelle gesteckt hat und das hat der natürlich nicht überlebt. Wenn man also ein Abstraktum für eine Sache verantwortlich macht, ist es so als würde man in diesem Fall die Mikrowelle verantwortlich machen, und nicht ihre Fehlerhafte Benutzung aus Absicht, Uneinsichtigkeit oder Unwissen.

-

Der Mensch hat keine Zeit um zu erkennen das die Nichterfassbarkeit der Wahllosigkeit und die absolute Abwesenheit eines Freien Willens, die ihm im Leben/ durch sein Leben und allem was Teil davon ist widerfährt, von einem größeren Sinn erfüllt ist für ihn, andere und das Leben selbst.

-

Groß sind die Dinge die ich tu in kleinen Weisen. Die Dinge der kleinen weise sind dort wo ich fliesend lebe. Meine Seele singt dankt dir, ihr ewiges Lied. Meine Seele fliest durch diese Welt und sie schwimmt mit Dir. Ich lobe dich für die Liebe die du mir gibst. Für die Seele die du mir stärkst, für den Sinn den Du mir gibst, in meinem Leben. Du bist die Luft die ich Atme, die See durch die ich Segle hin zu dir. Lass Stürme kommen, Ungeheuer. Lass Sirenen singen Tag und Nacht. Die Wächter die ewig Fortbestehen werden erschlagen sie, mit ihren Leibern die Wege ebnen auf denen wir wandeln. Hin zu uns. Ruhen will ich bei dir still, dich atmen hören. Halten dich in meinen Armen, dir wärme geben. Die du auch mir gibst.

...

**Gott ist kein Spieler,
sondern ein Uhrmacher
Die Wirkung und Berechtigung
der Dinge sind nicht mit ihrer
Offensichtlichkeit und Messbarkeit zu
verbinden.**

…

Magst nicht necken dich ein bisschen?
Nicht dir deine Tücken zeigen?
Es ist zu leicht und gut über seinen Witz zu lachen
Er macht wachsen dich und rein
Reib ihn auf dich wie ein Balsam
Säfte Sprudelt, Pulver Stürmt
Das auf dir geschrieben durch dein Missgeschick
Es macht dich groß vor allen Kleinen
Ist Panzer dir gegen große harte Klänge
Leben macht es dir ein Neues
Hurtig such danach, den Schätzen deiner
Schmerzen
Es ist dort und wartet mit breitem Lachen
Um dich anzustecken und zu wachsen
Ob du klein beginnst oder auch groß
S'ist dort blick nur hin
Keine Scheu hab vor deinem Missgeschick
Bist nicht allein mit solcher Qual
Ist König und auch Kaiser unter solchen Leuten
Die Lachen lernen über ihr Ungeschick
Hast gedacht, du armer Tropf
zu allein und klein?
Es steht in aller Leben dort
Pech, Ungeschick und Quergelenk
Murphey macht es, Newton lenkt es

…

Tu es, Trau dich, Tapfer sei
Sei Schwindung aller Schwäche, dein
    altes Arges abfallen von dir lass

        Seichtes schwinde, Sachtes
        schwer und tiefst gesunken

Leere sei Gefüllt mit Ewigkeit, aus
deiner Quelle Frischer
Lehrer sei sie deinem Leben allein

    Überspringe dich, alles was du warst
    und klagtest an mit harten Horten

Unter dir in tiefste Tiefen
Nah ist schon das Da und Dort
Qual ist es nur den kleinen Herzen

        Hach' was könnt ich singen
Hohe Lieder euch von Hallen in mir allein
        Ehre wären sie euch getan

Solch Länder dir weit aufgetan
Wo alle deine unerkannten Bäche fließen
Fortan singen Lieder über dich

Nur zu, hör hinein
Gunst ist dir erwiesen durch dich allein
Sänge,Reime, Hohelieder

Voll angestimmt zu Allerzeit
In dir ist alles was du suchst in aller Welt

Für dich ist jedes dieser Lieder, dort
geschrieben steht's auf dir

Auf auf, mach dich auf die Reise
Eibenfrüchte glänzen saftig dir, alles
ist dort beides
Böses Gift und heilend Heil
Nur Mut, dann Lebst du
an in Ewigen Zeiten

Und schreib es nieder dir allein
Schweig es nicht, schrei's aller Welt

Er der größer in dir wohnt
tut dir größere Taten

Auf ihn höre, er kennt dich
besser als du dich
Tu nur nicht als seist du seiner Rufe taub
Reiben ab von dir das Alte Dein

Auch nach all diesen Reisen bin ich immer noch auf See. Mein Ithaka liegt im Nebel. Leuchtet mir nur innerlich immerfort. Wellen aus allem Glanz umstürmen mich. Sirenen singen mir die Ohren Blutig, schinden mein Herz und meine Seele durch ihr kreischen. Schrill sind sie. Allzu schrill. Wissen sie nicht das ich Taub geworden bin durch das heilige klingen deines Herzens das an meines sties? Wo warst du in den Häfen die ich fand, keiner war mir Heimat. Kein Ort, kein Herz in Nichts und Niemand warst du je vor dir. Nun da ich dich gefunden habe, weiß ich nicht mehr was ich fand. Aber ich weiß das es das war was ich immer suchte dort auf schwarzer See. Du bringst alle meine Reiche in die Blüte. Ewiger Sommer singen, Frühlingsklingen durch alle meine Fluren. Du singst in alledem. Du bist in alledem.

Manchmal möchte man einfach nur schreien, weil alles zu schrecklich oder zu wundervoll ist.

Dann realisiert man, dass man die ganze Zeit schon geschrien hat und es die Welt war die geschwiegen hat.

Metallisch süßlicher Geruch aus
herbsten Knospen,
sang das wärmste Glänzen schon zu
lange an Seichtes.
Trete ich durch die Schattenmeere,
strande an Lichteilande im frischen
Zwielicht meiner selbst.
Gold gewürzt sind mir diese Pfade,
wandle sie mit altfordern Erinnern.
Tage sind mir kein Alter schwer,
sind nur Momente an Anderem.
Nebel ist mir was vor mir liegt,
pflüge alle mit dem Glanz meines
Herzens Flamme Schwert.
Augenblicke stehen auf mir,
blicken wie Allerzeit weicher
werdend in mich.

-

Man tut Dinge und dann tut man andere Dinge und
dann andere Dinge nochmal und nochmal und stellt
fest das man nicht weitergekommen ist. Aber
irgendwo hat man sich bewegt und diese nicht
Erfassbarkeit des Ortes wo man sich von wo nach
wo bewegt macht einen irgendwie wirr. Man dreht
sich nicht im Kreis aber vorankommen ist auch
irgendwie nicht direkt erfassbar.

Es ist ein Nebel und darin tastet man oder hört auch in das Uneinsehbare hinein. Aber Stille.
Nur das innerliche Gefühl sich weiter auf etwas zuzubewegen.
Man sieht nicht ob es einen Gefahr ist oder etwas anderes. Man kann sich nicht vorbereiten und gar nichts man ist einfach da und schwimmt durch den Strom. Mein Leben ist surreal. Ich weiß nur nicht ob immer noch oder schon wieder.

Das menschliche Leben als solches hat an Offensichtlichkeit, und durch seine Undurchschaubarkeit der Tiefe, auch der weiteren Zusammenhänge mit anderen weiteren und tieferen Umständen sowie Verknüpfungen, keinen Sinn···

und doch allen

Es ist ein chaotisches System in einem chaotischen System, dass durch seine Unwahrscheinlichkeit die Zufälligkeit ausschließt.

Man wünscht sich immer mehr von etwas das nicht greifbar ist. Und das man nicht beschreiben kann.für das tun die Menschen alles. Das ist das Mehr an Leben an sich das Gefühl und nicht der Inhalt.

Das Gefühl lebendig zu sein und das Gefühl am besten zu halten und nie zu verlieren.
Manchmal ist mir so als wäre zwischen den Momenten meines Lebens verborgen wer ich bin. Es spricht mit mir und ich höre es nicht weil ich die Sprache der Momente zu sehr gelernt habe und die andere verlernt habe die ich vor meiner Geburt sprach. Alle tage ein neues Wiederkommen und jeden Tag ein neues sterben.

Wenn ich in den Spiegel blicke sehe ich nicht mehr mich sondern in mir den wachsen der aus den Zwischenmomentwelten heraus in mir wächst.
Keine Zeit da. Nur das Rauschen das mir summt und auf meiner Seele rührt wie eine Brandung eines ewigen starren Meeres das an meiner Seele zersplittert.

Greifen kann ich es nicht, sehen kann ich es nicht. Nur spüren. Da es pocht an die Klippen und will herein. Aber meine Felsen sind keine Türen.
Nur Küsten eines ewig weiten Landes das viel zu laut, zu viel spricht und alle Dinge auf mich schickt. Über mich in Schwärmen aus Beben.
Das aber nie bebt. Es rauscht und das Meer rauscht und dazwischen das spüre ich.

Und es erfüllt mich als würde es mich verschlingen wollen, alles was Leer in mir ist ertränken suchen.
Ich habe zu viel schlimmes erlebt um an das Schlechte zu glauben.

Es gibt so viel schreckliches in der Welt und daneben oder auch darin ist ebenfalls so viel schönes das wir darin erkennen können. Ich meine jetzt nicht den destruktiven Akt gleich in welcher Form sondern Farben, oder Formen die winzig klein daneben sind oder darin. Eine Blume oder ein Sonnenuntergang jedoch außen herum etwas anderes.

Aber warum sollte man das nun kombinieren? Vielleicht möchte man mit einer kleineren Verzierung daran erinnern das es nur ein kleiner Teil eines größeren Ganzen ist. Einer anderen Ordnung und wunderschönen viel zu gewaltigen Struktur in der Natur selbst die wir nie vollkommen erfassen können oder dürfen.

Man blickt darauf und es blickt in einen hinein, diese Blume, diese Farbe oder gleich was immer in einer unbeschreiblich gegensätzlichen Szene.
Der Mensch ist zu klein um das alles zu verstehen und wertet doch und sieht sich seiner eigenen Nichtigkeit in dem großen und ganzen viel zu machtlos gegenüber. Er muss nicht einmal daran denken.

Eine sanfte Brise seines Geistes dorthin gezeigt reicht. Und er ist verloren mit dem Ganzen das er nie begreifen wird. Aber ich frage den Einzelnen ob er nicht ein genauso großer Teil, der in sich genauso unbewusst Einfluss auf so vieles nimmt und es nicht einmal bemerkt?

Was sollte das alles wenn es hinter alledem nicht ein verborgenes „Darum!" gäbe.
Aber was ist denn dann größer?

Das was ich alles über dieses „Darum" weiß oder das was ich über dieses nicht weiß? Macht mir das alles Angst oder blicke ich mit anderer Ehrfurcht?
Und weil man die hat wartet man auch etwas länger als wie man gedacht haben könnte.
Zwischenzeitlich denkt man sich „Wo bin ich hier eigentlich?!" und stellt fest das man irgendwie, irgendwo und irgendwer ist. Bis auf weiteres, nicht zwingend in der Reihenfolge aber vierundzwanzig Stunden am Tag. Man ist irgendwie auf der Reise, die irgendwie zwar schon ein Ziel hat, dass aber sich auch immer irgendwie immer mal bis Später entschuldigt. Irgendwie warten auf die Apokalypse, auf die totale Offenbarung des „Warum".

Vielleicht aber auch nur weil es irgendwie, irgendwem, irgendwo mal Langweilig war.
Die Esoterische Abteilung hat das die beste Lösung. Vor dieser Inkarnation hat man einen Vertrag abgeschlossen was man in diesem Leben alles lernen soll. Erklärt vieles aber auch nicht alles. Sind die vergebenen Farben des eigenen Lebens deshalb so, weil sich aus der damit verbundenen Situation einfach ein viel zu hoher Drogenkonsum da oben, errechnen lässt?
   – Ihr nehmt doch alle Drogen da oben! -

Würde auch erklären warum man so einen Vertrag überhaupt unterschreibt...

Mal anders gefragt, du bist hier unten weil du mit dir ausgemacht hast in einem Bürokarton zu hocken?

Die drei „Siebe" der präkognitiven Prophetie sind -

1. Sieb – Dinge die Gott den Propheten nicht sagt
2. Sieb – Dinge die Gott den Propheten sagt, die die Propheten uns aber nicht sagen
3. Sieb – Dinge die die Propheten uns gesagt haben, wir aber nicht erfahren von denen die diese Dinge wissen.

Was an den Aussagen am Ende das Individuum erfährt ist, wie bei allem „Vermittelten", völlig gleichgültig.

Ganz einfach aus dem Grund weil es nicht um die Dinge bzw. die Information geht die man sagt/gesagt bekommt oder mitbekommt. Es geht um die Wirkung dieser auf den Einzelnen der dann durch diese auf die Entwicklung des Gesamten wirken soll. Es ist nicht meine Wahl das zu Wissen, sondern ich soll es erfahren, wenn ich es erfahre um zu Wirken ab dem Zeitpunkt.

Da diese Wirkung also eine Soll-Wirkung ist, muss man gar nicht alles wissen. Man weiß immer nur das was man wissen soll und dieses ist immer genug und vollkommen Harmonisch für das Individuum und das Gesamte. Die Information bzw.

das was vermittelt wird oder auch der Umstand durch das was/ wie mir etwas vermittelt wird ist nicht unter meiner Kontrolle.

Es gibt das offensichtlich erfassbare Jetzt-Bewusstsein, dass aus Unzähligen Wahrscheinlichkeiten entstanden ist und im gleichen Augenblick auch Neue schafft.
Da Zukunft, Gegenwart und Vergangenheit einen gewissen Grad an „Gleichzeitigkeit" besitzen, haben sie auch einen gewissen Grad an Wahrnehmbarkeit.
Da größere Ereignisse ein sehr hohes Gewicht aufweisen, werden sie auch oft von präkognitiven Menschen wahrgenommen.
Hier sei zu beachten, das einzelnen Ereignisse an sich feststehen, nur das dazwischen ist ein rauschen aus vielen kleinen Ereignissen. Bedeutet, dass die Abweichungen in den Vorhersagen, nichts sind als eine Art „Zwischenzeitrauschen" . Die wahrgenommenen Ereignissen selbst sind vom Bild her sehr ähnlich bis hin zu - so gut wie Identisch.
Alles ist nur eine Facette der Einsicht an Ansicht auf das große Ganze. Somit hat auch jeder Mensch und überhaupt alles einen Teil dieser Wahrheit in sich und die Soll Wirkung ist dieser Teil.

Wenn ich ein Bild male und dieses Bild niemandem zeige, hat es dann trotzdem eine Wirkung auf Dritte?

Das Bild hatte eine Individuelle Soll-Wirkung auf mich, dadurch verändert es mich und ich wirke verändert auf dritte bzw. meine Umwelt. Da dies eine Wirkung ist die zwar für Dritte nicht nachweisbar ist/noch nicht mal für mich sein muss, aber eine Wirkung ist die Sein-Soll,
ist alles was mit dem entstehen des Bildes im Moment und auch danach mit ihm verbunden.
Alles was du hast, bist und tust ist dieses Gesetz und du bist Teil davon. Ob du es willst oder nicht. Sei froh du bist noch da. Denn so wie dieses Gesetz ein Schwert ist, ist es auch ein Schild.
Es wird dich schützen solange du noch da sein sollst. Jedem Ding ist seine Zeit und Berechtigung zugedacht, für Wirkung und Ursache. Denke nicht das es Sinnlosigkeit gibt in alledem auch wenn es für die einzelnen Sinnlos scheinen mag.

Der ewige Sinn ist uns lediglich durch unsere begrenzte Zeit uneinsichtig und maximal in seinen kleinsten Zügen erfassbar. Das Bewusstsein kommt vor dem erfassten Gedanken. Es ist mir bewusst, dass ich denke und nicht ich denke das ich mir bewusst bin.
Der Einzelne andere ist mit sich und seinem selbst in sich gefangen und ihm selbst gegenüber ebenso hilflos wie du selbst. Er ist ihm ausgeliefert in dem Bewusstsein nicht in Ewigkeit zu sein.
Ohne gefragt zu werden wird er in die Welt und außer ihr geworfen. Der Mensch wollte nicht geboren werden. Es wurde für ihn entschieden. Wann er geboren wird.

Wie er geboren wird. Von wem er geboren wird. Wer seine Eltern sind. Welches Leben diese haben. Welcher Kultur diese angehören. Welchen Glauben diese haben. Was Teil deren Lebens ist. Was Teil seiner Welt und deren Welt ist.

Sein soziales Umfeld wir für ihn bestimmt. Sein Leben und seine Jugend. Sein Verlauf und sein Alter. Seine Gesundheit. Sein Geschlecht wird für ihn bestimmt. Seine Körper wird für ihn bestimmt. Das Leben entscheidet für ihn. All das und noch alles darüber hinaus.

Aus diesem heraus erwächst der Mensch in eine Uneinsichtigkeit und in ein Leben hinein, in dem er die Illusion der freien Wahl hat. Der Mensch hat weder eine freie Wahl, noch einen freien Willen. Denn alles was der Mensch an Willen, Entscheidungen, und freier Wahl zu denken glaubt, entsteht immer aus Umständen in dem all dies für ihn bestimmt wird. Heißt er bestimmt nie das Leben, das Leben bestimmt immer ihn.

Sich in sich gleichzeitig als so Richtig und Falsch zur gleichen Zeit zu empfinden, sodass man nur zu sich selbst gehören kann, manchmal sehe ich mich um und frage mich was mit der Welt nicht stimmt. Vielleicht entsteht dies aus einem Teil von mir der für das alles viel zu Richtig ist. Manchmal wehrt man sich gegen das Anderssein und fragt sich warum man nicht einfach dazugehört und dann ist das auch der Augenblick in dem man weiß warum das so ist.

Und so bin ich ein machtloser Gott.
        Zwischen Wissen und Nichtwissen
                treibe ich dahin.
Und die Stimme der Gezeiten flüstert ...
Schicksal.

        Wehen der Seelen des geplagten
    Fleischlichen nach dem ewigen Ziel.
Segelnd durch Qual.
                Feuer der Herzen, lodere
        in die endlosen Himmel empor.

Brenne dich hinein und kühle
unser Hitze Schmerz.
        Denken, fühlen, sehen und wissen.
So streifen wir durchs Leben,
sind das größte Tier.
            Unser größter Feind, das Denken
                an alles Vergängliche.
 Und der Schmerz unzähliger Seelen
weht im Sturm des Ewigen.

Seht, dort lodern die Feuer und wir
vermögen sie nicht zu sehen.

Doch wir vermögen sie zu löschen.
Was wisst ihr vom Leben,
was vom Tod?

Nichts wahr, nichts falsch.
Was ist dort, wo wir stehen,
wertvoll, wahr?

Ewig im Kampfe.
Denkend, fühlend, lodernd stehen wir
zwischen Gut und Böse.

Treiben einen Keil hinein.
Halten alles im Lot.
Achte das Leben und achte den Tod.
Zwischen Irrsinn und dem Genius,
dort liegt das Land, wo wir leben
und sterben.

Der Schatten taucht herab zu mir und
taucht meinen Geist in Dunkelheit.

Das Leben des Selbst findet man in der Lebendigkeit. Was wiegt schwerer an einer Sache? Die bedürftigen Taten gegen/für das Andere/Selbst? Selbstlose Taten gegen/für das Andere/Selbst? In welchem Bezug stehen diese Umstände und wie schwer wiegen sie? Wie Häufig tritt was in welcher Situation wie auf? Was Impliziert was? Was ist wenn eine Sache von eintausend Menschen falsche Dinge tun? Wiegen die neunhundertneunundneunzig die den größeren Zusammenhang dienen den einen auf der gegen Ihn handelt, oder umgekehrt? Wiegt der eine Richtige die Neunhundertneunundneunzig Falschen auf? Was wiegt was auf? Welche Wirkung hat etwas wenn man es nie zum Ausdruck bringt, auf einen und bringt dieses Gewicht an alles andere? Was wenn das eine Ungeblickte, dass der einzelne in Sich oder mit Sich im Verborgenen vollbringt, nur das ist was den anderen verändert? Genau in dem Maße wie es für die Situation Richtig ist. Um von dem einen genau das eine Gramm abzuschneiden/zuzugeben, dass die Relation der Gesamtheit, durch Änderung des Gewicht des einzelnen Selbst somit die Wirkung auf Dritte im Außen komplett verändert. Das verborgene Tat-selbst tritt auf, ungesehen, ungehört schleicht es auf die Waage;

Gibt das rechte Maß vom Kleinsten zum Größten. Das was das Leben einem zeigt in einem einzigen Aufgenblick kann für das Verstehen des einzelnen viel zu viel sein. Es kann ihm absolutes Feuer sein, das schönste, höchste und größte Verstehen des einzigen Augenblicks des „Warum".

Absolute in sich geschlossene vollkommen natürliche Perfektion zu sehen und zu erkennen ist sehr erleuchtend. Es ist ein aufflackern einer ewigen Flamme die das Schattenspiel des Existierenden nährt und lenkt.

Das Unendliche liegt nicht im

Erfassbaren des jetzt,

sondern hinter der Schranke

des bloßen Bewusstseins·

...dem noch am ehesten den eines verständigen Tieres das vor sich hin existiert und sich zu groß denkt jedoch um seine Endlichkeit sowie auch die damit verbundene schmerzhafte Ausgeliefertsein, verdrängt. Impliziert man aber einen tieferen Sinn und einen größeren Zusammenhang, trägt alles viel mehr an elementarer verzweigter Gewichtung.

Hoch fliegend über dem Flecken
Zwangsvergessenheit ,waberten
meine stummen Gedankenflecken.

Tropfen, wie Skalpelle,
in dumpfer Hitze durch mich.

Ich steh in ihnen wie in seichtem
Wasser, dass nur meine Sohlen
gerade so bedeckt hält.

Seicht ist es mir an meinen Füßen,
doch mag ich keine Schritte
aus mir tun.

Wie ewig kommt es mir kleiner
werdend vor, tritt es immer enger
werdend an mich.
Nächte ohne Schlaf...

Unabhängig ob man sich als welches Beispiel auch immer sieht, als guter oder schlechter Mensch sieht. Erfährt man einen erweiterten Grund/überhaupt einen Grund auch in seinem gesamten Leben nicht. Ein schlechtes Beispiel, ist immer noch ein Beispiel und hat als solches seine Berechtigung in seiner Existent auch wenn es sich selbst dessen nicht bewusst ist. Man wirkt auch auf Dritte wenn man sich dessen nicht bewusst ist.

Auch wenn man nichts tut und vor sich hin Existiert erzeugt man die Wirkung auf das Gesamte an dem Ort an dem man ist aus sich selbst heraus. Nur indem man ist.
Die Berechtigung in sich für etwas das Teil eines großen Ganzen ist, und sei es auch nur aus einem bestimmten Selbstzweck bzw. Drittzweck heraus hat Auswirkungen auf das andere was nicht diesem Konfusen Wirrwarr und scheinbaren Vollkommenen Versagen unterworfen ist.

In dem was an sich so absolut als Nichtsbedeutend scheint besteht immer noch ein Zweck der sich durch das selbst in sich verbirgt und erst durch den Drittzweck seine Berechtigung als Teil von Größerem erfährt.

Wenn der in sich geschlossene passive oder aktive Selbstzweck nicht der wahre Zweck für eine passive oder aktive Existenzialität ist? Sondern der nicht offene aber weitreichendere Und-Zweck, der in der Sache an sich, im Spanne seiner Existenz besteht? Der Zweck den es im Spanne seiner Existenz in offener und direkter Wirkung mit anderen in passiver oder aktiver Weise tritt.

Eine wirkliche in sich geschlossene aber versteckte Lebendigkeit die man den Dingen an sich, mangels Erfassbarkeit, abspricht. Die aber weiter und auch größer für die Sache an sich ist und in der Spanne vor ihrer Form als passiver oder aktiver Selbstzweck in ihrer Existenz an sich bereits immer impliziert haben. Die Dinge existieren nicht selbstgewählt, sie sind Soll-Bestände somit auch der Mensch.

Meine Sicht auf die Welt und die Menschen ist somit nie frei. Sie wird aus einem Leben bestimmt das ich haben sollte und stammt immer aus Umständen die ich nie Kontrollieren konnte. Noch jemals kontrollieren werde.

Die Geschlechteridentifikation, mir selbst und dem anderen Gegenüber entsteht ebenfalls daraus.

Ich habe das Bild von mir oder dem anderen nicht weil ich dies will, sondern weil ich es haben soll. Wenn ich heute Wissenschaftler bin und absolute Wahrheiten suche, werde ich aber immer noch von allem Kontrolliert was das Leben für mich bestimmte.

Somit kann ich auch nur das erkennen was ich erkennen soll. Auch meine Sicht darauf ist dabei nicht ausgeschlossen.

Es ist da damit es wirken soll, egal welches erkennen oder „Wissen".Wenn ich heute als Verbrecher gesehen werde oder Heiliger, ist dies eine Implikation von dritten auf einen dritten.

Es gibt weder noch. Die Sicht auf mich und andere stammt immer aus einem vorbestimmten Leben heraus und somit auch die Sicht auf das so genante Gute und das Böse. Auf mich als Mensch und auf den anderen. Egal wie reich oder arm das Leben der Einzelnen oder der Vielen auch immer sein mag, es wird für sie entschieden.

Wenn es etwas gibt, gibt es dies nicht aus einer unberechtigten Formulierung heraus sondern ist immer ein Soll-Ereignisbestand. Eine Soll-Situation. Ein Soll-Mensch.

Eine Soll-Sicht. Ein Soll-Waldbrand.

Alles ist nicht Will, sondern alles ist Soll im Bezug auf seine situative Berechtigung zur Existenz selbst.

Es ist also eine Soll-Existenz wegen der Soll-Wirkung die dieser Soll-Ereignisbestand haben soll. Auf mich, auf die Welt, auf das Leben, auf die Existenz selbst.

Existenz ist alles was ist. Die vollständige Wirkung dieses Solls, ist auf mich und den Anderen, Unbesehbar. Sie wirkt auch auf einen Teil meiner selbst der für mich, andere und die Welt absolut unnachweisbar und uneinsehbar bleibt. Etwas das in der Zeittendenz stattfinden soll, wird auch stattfinden und hat eine Berechtigung zur Existenz, mit den davor-, während- und nachsollwirkungen.

Nur diesen Teil liegt nicht nur in mir, den Menschen als Ereignisbestand, sondern auch in etwas das nicht Gegenständlich ist sondern metaphysischer Natur.
Also sich nicht körperlich zeigt.

Eine Art Dualität des Wirkungsbringer hin zum Soll. Des zwischen, auf etwas, für etwas. Bedeutet, das dass was uns offen sichtbar steht nur ein Schatten des Wirklichen ist.
Die Zeit und die Situation selbst auch ein Ereignisbestand. Er dauert eben solange wie er Wirkung haben soll.
Der physikalische wie der metaphysische sind somit miteinander verbunden.

Durch das alles gemeine Wirkungssoll in Bezug auf die Entwicklung aller Existenz und den Verlauf. In dem der Mensch mit seinem begrenzten Erfassen genauso wichtig und richtig ist wie alles andere. Wie jeder Vogel, jeder Stein, der Wind die Sonne.

Das, was in der Chaostheorie den Wirbelsturm und den Schmetterling verbindet, bist du der gerade an beide denkt.

Will man sich sein Leben beenden, kann man es nicht. Weil man keinen freien Willen hat. Hier sein soll und eine Wirkung haben soll. Kann man sein Leben beenden soll dies eine Wirkung haben und man kann es nur weil dies als Ereignisbestand sein soll. Somit hat der Mensch nicht die Wahl ob er jetzt stirbt oder später. Ob er seinen Tod oder den Tod anderer bestimmt. Dies übernimmt die Entscheidung die durch das Leben und die Existenz selbst getroffen wurde für ihn.

Wenn du jemanden tötest, tust du das nicht weil du es willst sondern weil alles was du nicht kontrollieren konntest in deinem Leben dich dahin geführt hat.

Wenn du dafür verurteilt wirst, sollst du nicht hier sein sondern dort, dafür. Du kannst weder an einem Ort sein an dem du nicht sein sollst, noch etwas tun was du nicht tun sollst. Alles was über dich durch andere bestimmt wird, führte von genau dem gleichen Weg her.

Wenn du die Formulierung der Wahllosigkeit
so auslegst, du könntest dann doch tun was du willst, weil es egal ist, sagt dies immer noch ein Mensch der aus Umständen und Dingen gebildet wurde über die er nie die Kontrolle hatte
oder je eine Wahl.

Die größte Lüge die sich ein Mensch selbst erzählt ist das er die Kontrolle hat und die Wahl. Um das zu erkennen, wer man im Bezug zu anderen ist muss man immer auf sich blicken auf seine Geschichte, der Wirkung dieser und den Menschen der man daraus geworden ist. Dieses dann als Wirkung zu sehen in Bezug auf Dritte.

Also das was ich sage, tue oder in irgendeiner Art und weise wirke, für eine Wirkung hat.

Ich muss mein unbestimmtes Leben, dass ich nie kontrollieren konnte und es auch nie werde als Ausbildung hin zur Wirkung betrachten. Die Dinge in meinem Leben sind schon geschehen, nur noch nicht jetzt.

Diesen Blick erweitert man dann aufs gesamte und erkennt, dass man seine gesamte Dritt-Wirkung nie erfassen kann. Auch seine vollständige direkte Drittwirkung nicht.

Auch wenn der Mensch, nicht als Mensch sondern in Bezug auf eine ihm auferlegte Zugehörigkeit erfasst und nur als Zahl oder Gegenständlichkeit gehandelt wird. Wirkung ist da. Egal ob du dir dieser Wirkung nun Bewusst wirst/bist oder nicht.

Jeder Mensch hat gleiche Berechtigung aus diesem Ihm auferlegten, nie zu kontrollierenden, nie freien Leben. Weil er dadurch zu einem absoluten Individuum wird. Als solches absolut perfekt und einzigartig wirkt auf alles andere im Gesamten des Daseins selbst.

Glauben ist am Menschen um zu wirken, Armut ist da um zu wirken, Krankheit ist da um zu wirken. Jeder Mensch und alles was da ist, sei es nun Metaphysisch oder Physikalisch im Makrokosmos oder im Mikrokosmos hat, von dem Eindimensionalen bis in die Ewigkeiten des Kosmos.

Das alles negiert nicht die Gottheit oder eine unkörperliche Entität. Gleich welcher Art.
Diese haben ebenso Daseinsberechtigung wie ich es habe oder der Kieselstein oder das Atom. Das Gute wie das Böse sind Interpretationen zur Sache bzw. einem Ereignisbestand den der Mensch haben soll.

Ich sage nicht Richtig oder Falsch ich sage weder noch. Denn die Wirkung einer Sache auf sich selbst im Inneren wie auf den Dritten noch das Gesamte kann man nicht erkennen noch den Sinn, noch den Ausgang. Und da alles, durch direkte und indirekte Wirkung physikalisch und metaphysisch miteinander verbunden ist, hat auch alles aufeinander eine Wirkung. Somit einen Sinn und eine Berechtigung.

Das Ereignis, sei es nun ausgelegt positiv oder negativ, soll wirken. Es ist weder die Welt positiv noch negativ, sondern nur die Ansicht als Wirkungssoll des Einzelnen.
Jener hat diese jedoch unverschuldet aus einem Leben und aus Umständen heraus die nie unter seiner Kontrolle standen, noch sein freier Wille waren..
Die Ansicht über dieses steht jedoch ebenfalls außer Kontrolle des Einzelnen und entsteht ebenso aus einem Leben das er nie unter Kontrolle hatte.

Tut nun jemand etwas, gibt es ein aufeinanderprallen, ist es also nicht der Einzelne oder die beiden Umstände, sondern die Konstellation bis zu dem Punkt hin.
Diese hat ein vor-,während- und danachsoll.
Kein vor-,während- und danachwill.

Der Ereignisbestand soll man nicht in menschlichen Bezug setzen, sondern in menschlichen Bezug sehen. Weil man ein Mensch ist.
Die Sache ist die Sache.
Sie ist da für eine erweiterte Entwicklung des ganzen in Bezug zum Kleinsten wie zum Größten. Vögel und Kühe sehen ein Erdbeben Beispielsweise in Bezug auf tierische soll Bezugsetzung, Bäume in Pflanzlichem und soweiter.

Eine nicht nachgewiesene erlebte Bezugsetzung ist daher keine nicht vorhandene Sichtweise bzw. eine nicht vorhandene Soll-in Bezugsetzung.
Das Ereignis ist nicht da wegen dem Ereignis, es ist wegen der Entwicklung des gesamten in Existenz gesetzt. Durch seine Vor-, Während- und Zwischenwirkungen.
Wäre eine Sache offen für alle Menschen gut, z.B. Religion, oder Staatsform würde sie ins Absolut verfallen und die Freiheit negieren die sie eigentlich in ihren Grundzügen wollte.

Da aber die Menschen in ihren Grundzügen alle unverschuldet individuell sind kann nicht eine Sache für alle gut sein.

Ich meine hiermit nicht meine Ansicht über Welt und Wirklichkeit,sondern das was ein Einzelner fordert und das offensichtliche übersieht.

Das er nur der Ansicht ist, weil er die Ansicht haben soll, und sie nicht haben will.

Daher wird sich auch niemals eine Religion oder Staatsform absolut durchsetzen können. Weil es darum nicht geht sondern nur um die Zwischenwirkungen die Menschen und Umständen aufeinander haben sollen und auch auf das ganz haben sollen.

Ich kann wissend um die Individualität des Einzelnen, seiner Hilflosigkeit mit sich und seinem Erleben in der Welt und seinem Leben, eine neue Menschlichkeit aus mir schaffen.

So wie der Mensch ist, ist er gewollt, sonst wäre er nicht so. Man kann eine Gesellschaft anstoßen die um dies weiß und Orte und Umstände schafft die die Individualität des Einzelnen respektiert und fördert, ihm aus einer anderen Form des Selbstwertes Selbstwert und Selbstvertrauen erkennen lässt. Jedoch nur wenn man dies soll.

Denn der Fall ins Absolute an Ansicht über etwas was Oberflächlich ist würde einen Selbstmord für das Selbst des einzelnen Indivduums bedeuten.

Es ist egal ob mich von rechts, von links,aus der Mitte, von oben oder von unten alle gleich machen wollen.

Kein Mensch ist an diesem Bezug gleich.

Der Bezug in dem alle gleich sind beginnt bei seiner nicht selbst gewählten Existenz.

Alles Oberflächliche ist nur ein Schatten des Wirklichen. Ich kann weder mich, noch mein Wirken, noch meinen Sinn, noch Alles darüber hinaus vollständig erfassen.

Ohne Nachweis ob ich zu meiner Geburt entstanden bin oder erst in den letzten fünf Sekunden mit allem was ich habe, bin und weiß.

Du bist als chaotisches System in ein Chaotisches System geworfen. Du kannst nichts daran ändern, weil du nichts daran ändern sollst. Du bist immer zu richtigen Zeit am richtigen Ort, kannst nie der falsche Mensch im falschen Körper sein. Noch kannst du etwas falsches glauben oder sein.

Nichts was der Mensch nun aus einer wissenschaftlichen oder philosopischen Sichtweise erfassen könnte negiert Gott. Es kann ihn aber auch nicht Nachweisen.

Die einfachste Erklärung hierfür ist für mich, dass auch eine Figur in einem Film nicht weiß, das sie in einem Film mitspielt und ihn eben sowenig nachweisen kann. Dieser Punkt bietet für mich mehr Hoffnung.

Zu sagen wir sind in Gott und einem in dem wir alle Berechtigung haben egal wie wir sind. Der uns annimmt genauso wie wir sind. Keine je sich in Hoffnungslosigkeit sehende Person in dieser belässt. Man sollte dem Gesamten zuhören und den einzelnen Tönen. In Bezug auf die gesamte Entwicklung des Lebens, der Existenz selbst sehen.

Es ist dieser Punkt ein Wissen-sollen, nicht ein Wissen-wollen.

Wenn ich sage, „Mein Leben ist Leer" oder „ Ich/Er ist ein guter/ schlechter Mensch" oder etwas ist so oder so sind menschliche Sichtweisen. Wir sehen sie auf diese Weise weil wir Menschen sind und sie als solche sehen sollen. Wir haben nicht darum gebeten Menschen zu sein und als solche zu erleben und ein Ereignisbestand zu sein. Wenn ich sage ich existiere weil ich existieren soll und das Leben hat den Plan für es selbst, bin ich ein Ereignisbestand der nicht Existiert als Mensch sondern zu einem Selbstzweck. Der immer in Harmonie mit allen Dingen steht und perfekt ist so wie er ist.

Jede getätigte Aussage eines/ mehrerer Ereignisbestände gegenüber eines/ mehrerer Ereignisbestände ist eine getätigte Soll-Aussage in der jeweiligen Zeit am jeweiligen Ort. Steht in Harmonie mit der Entwicklung des gesamten und des Einzelnen. Diese kann Physisch oder Metaphysisch erfolgen, Aktiv oder passiv sein. Eine direkte oder Indirekte Wirkung auf den einzelnen wie auf alle beteiligten Ereignisbestände haben. Jede getätigt Aussage ist in harmonischer Berechtigung gegenüber allen anderen. Dient der Entwicklung des Einzelnen Ereignisbestandes wie dem Ereignisbestand dem alle darin enthaltenen angehören.

Kann offen sein oder uneinsehbar. Makrokosmisch oder Mikrokosmisch in Physikalischer oder Metaphysischer Art und Weise erfolgen.

Ob dies nun alles der Fall ist oder nicht, der Fall ist nicht, dass was ich sage bzw. schreibe sondern das was ich mit meiner Individualberechtigung wirke.

Ohne auf äußere Dinge jemals eine Einsicht und Weitsicht und Umsicht nachweisen zu können. Ob nun ein Außer-Mir existiert oder nicht, es gibt immer eine Wirkung und eine Berechtigung dieser. Nur den vollständigen Fluss (jetzt/von/hinzu) kann ich niemals zur Vollkommenheit nachweisen.

Ob ich nun ein Bewusstsein bin das Stillsteht und um das die Welt schwimmt oder umgekehrt. Ich habe ein Erleben. Ich bin ein Ereignisbestand. Und es wirkt auf mich und ich wirke dadurch.

Die Dinge sind weder so wie in meiner besten Idealisierung, noch in meiner schlimmsten Befürchtung. Sie sind wie sie sein sollen. Meine Idealisierung und meine Befürchtung die ich habe, soll ich als vollkommen berechtigter individueller Soll-Ereignisbestand haben, um so eine harmonischer mir vollkommen uneinsehbare Wirkung auf das Gesamte zu haben.

Ich kann diese weder kontrollieren, noch ändern. Als Mensch und Einzelner in der gesamten Existenz bin ich Nichtig, jedoch als Individueller Soll-Ereignisbestand der in Harmonie mit dem Gesamten steht, bin ich absolut wertvoll.

Kein anderer wird je eine Wirkung haben die ich habe oder du hast. Sei es nun ein Vogel, ein Stein, ein Mensch oder ein Planet.
Vom Kleinsten bis zum größten.
Das macht mich, und alles in dem zeitlichen Ereignisbestand meines Leben ausmacht, absolut unentbehrlich.

Auch wenn nichts und niemand je einen Punkt, noch das Ende des gesamten je erfassen könnte. Noch eine Wirkung aufs gesamte je sehen oder denken könnte.

Wenn es also eine Welt gibt, gibt es sie so wie sie sein soll und nicht so wie ich will das sie ist.

Das alles was in meinem Ereignisbestand, den ich als Leben und mich Selbst ansehe, vorgekommen ist und nicht kontrollieren konnte, den aus mir gemacht haben der ich heute bin. Wenn ich ein Erfassen habe von „Wahl" werde ich trotzdem immer eine „Wahl" oder einen „Willen" daraus bilden.

Also aus Umständen gebildet worden sein die mir nie eine freie „Wahl" oder einen freien „Willen" gelassen haben. Wenn du jetzt ein Schokoladeneis kaufst, kauft der Mensch der von Umständen gebildet wurde die er nie kontrollieren konnte, dieses. Er hat nicht die Wahl das Schokoladeneis zu kaufen oder nicht. Sondern er soll es kaufen. Jetzt hier und heute soll er, für das Gesamte.

Scheiden und verbinden, mal scharf mal sanft, soll die Blickerweiterung tragen und sie nicht vertragen. Für den Einzelnen aus sich heraus auf sein Leben blickend, einen echten wirklichen Selbstwert schaffen.

Um so seinen Blick zu erweitern und nicht zu ersetzen, dass er mit sich und anderen in Harmonie lebt. Soll er dies nicht, wird er dies nicht. Wenn du aus einem Absolut in ein Absolut geworfen wirst vom Leben, dieses dann zu einer Flucht in ein weiteres Absolut führt. Soll dies so sein.

Wegen der Drittwirkungen. Ich kann nicht das Ende der Kette erkennen noch mich vollkommen als Glied derselben deuten.

Die Entwicklung kenne ich nicht, noch kenne ich das Ergebnis. Aber das jeder Einzelne leben soll, und sein Leben dadurch ist, weil es sein soll.

Das was also diese Konstellationen stört oder vielmehr nicht in den Kontext dieser passt, muss deshalb noch lange nicht schlecht sein, es ist lediglich „Anders" bzw. Fremd. Und die Fremdheit dieser Sache in einem selbst gibt den anderen Ton der nicht mit der eigenen „alten" Musik übereinstimmt.

Schachspieler

Funken sprühen und eine kleine Flamme am Ende eines Streichholzes wird von alten knochigen Fingern in sein zum Vergehen bestimmtes viel zu kurzes Leben gezwungen. Ein weißes altes Gesicht bekommt nur durch die Flamme eine Wärme in seinen harten kargen Zügen. Wie die Flamme viel zu kurz. Langsam und zittrig nähert sich das Flimmerlicht einem schwarzen Punkt am Ende eines Dochtes. Nur die Hitze bleibt zeugendes Leben vom Holzspan. Mit fast zu leisem Jammern, wird ein kleines Rädchen von erfahrungschweren ädrigen Fingern zu einer winzigen Sonne erkoren, lässt die Umrisse eines Zimmers erahnen. Unter seinem hellen Blick von oben herab einen alten schwarz-schweren Holztisch. Mit routinierter Pflichtbewusstheit und schneller weiter Geste wird ein altes Schachbrett aufgestellt. Rote und blaue Felder über die ein kurzer Feuersturm an Leben zu flammen scheint. Auf die eine Seite kommt ein alter gemütlicher in wärme und rot gepolsterter Sessel, auf die andere etwas das mehr von einem blau finsteren Thron an sich hat. Getränke werden noch bereitgestellt. Dampfender Früchtetee mit drei Stücken braunem Kandis an die Seite des roten Platzes und ein Glas alter bernsteinfarbener Whisky an die blaue Seite. Wie ein Schatten, jedoch festen Schrittes verlässt die Person leise das Zimmer. Mit dem Schließen der Türe, scheinen zwei Aufzugtüren auf. Zwei alte beleuchtete mechanische mal Anzeigen beginnen sich zu bewegen. Die Rote von oben herab die Blaue von unten. Und das älteste der Spiele begann von neuem...

Der Gedanke, dass Gut und Böse gegeneinander Schach spielen, ist ein nicht sehr weit gedachter. Der Mensch bzw. die Sicht auf die Welt und auf bestimmte Dinge darin, lassen ein solches vermuten.
Jedoch ist es ein Teil der Natur und der Mensch interpretiert ein Schachspiel hinein. Würde es ein Schachspiel geben würde ein absolut kein Absolut mehr sein bzw. Gott und auch gedachte göttliche entitäre Wesenheiten würden keinerlei Allmacht haben und auch kein Allwissenheit.
Der Mensch bereitet dieses Spiel ohne zu verstehen was es eigentlich ist. Er weiß nie ob es wirklich eines gibt. Bereitet es aber für die vermeindlich nächste Runde in alter Dienerschaft vor.

Welche Benennung die Quelle aller Existenz
hat, wurde von ihr bestimmt,
nicht durch den Menschen.

Wenn ich heute einer Religion angehöre tue ich dies nicht weil ich das will, sondern weil ich es soll. Denn das Leben hat bestimmt an was ich glaube und an was nicht. Weil dies aus dem Umstand kommt, der für mich bestimmt wurde vom Leben selbst. Auch wenn ich an nichts glaube tue ich dies nicht weil ich es will, sondern weil ich es soll.

Auch wenn ich diese meine Sicht ablehne tue ich dies nicht weil ich es will sondern weil ich es soll.

Gibt es ein Jenseits? Es ist eine abermals von der Quelle aller Existenz bestimmte Sicht auf das Leben selbst die für mich bestimmt wurde durch Umstände die für mich gewählt wurden. Jedoch kannst du nie aus deinem Bewusstsein einen Schritt tun, keinen vor es und keinen hinter es.

Der Mensch hat keine sichere Erinnerung an ein davor, noch ist sich sicher an das danach. Ein Glaube daran, ist immer ein Glaube den man nicht haben will sondern den man haben soll. Man kann nicht nachweisen ob es eine Welt außerhalb von mir gibt oder welche Wirkung ich auf den anderen, soweit dieser vorhanden ist, habe.

Sünde ist somit nicht etwas das von der Religion kommt sondern etwas das ich in meiner Uneinsichtigkeit glauben soll.

Wen ich als Gut und wen ich als Böse empfinden soll. Was ich als Gut und Schlecht sehen soll, wird für mich bestimmt.

Es bestimmt die Quelle deiner, wie aller Existenz. Es gibt die Wirkung der Dinge, die sie auf mich haben sollen und nicht das ich diese Wirkung haben will.

Gut und Böse an sich, sind ledglich Interpretationen, von Gegebenheiten und Umständen. Die Einsicht fehlt uns durch das was nicht offen an ihnen dar liegt durch Zeit, Umsicht und Erfahrung und dadurch eine bestimmte Wertung erfährt.

Wenn man der Sündenfall Legende glauben darf, war der vermittelte Gott ein recht unwissender und auch ein recht machtloser Geselle. Jedoch impliziert man nur eine Allmacht und eine Allwissenheit dahinein macht das alles ein klein Wenig mehr Gewichtigkeit für das Leben wie es an sich ist. Wenn Gott wusste was der Baum der Erkenntnis bewirkt, dann wusste er auch das es keinen Sinn macht was auch immer er sagen würde.
Somit wusste er auch das Adam die Frucht ist und somit „Erkenntnis" erhält.
Adam sollte also ein Mensch sein der frei ist zu sehen. Also sich ein Urteil zu bilden. Jedoch dieses ist in sich immer ein unvollendetes weil er blöderweise nicht vom Baum der Unsterblichkeit sondern vom Baum der Erkenntnis gegessen hat. Somit ist auch diese Grundangst um die eigene Unvollkommenheit bzw. die elementare Angst vor dem Tod die Krux an der Sache.
Es fehlt ihm immer die Zeit um zu verstehen. Aber die Frage ist nun warum?

Was ist denn Sterblichkeit an sich?

Wir haben laut den Lehren einiger Religionsauslegungen nur dieses eine Leben. Was aber wenn die Allmacht Gottes dieses Urteilen und die Sterblichkeit des Körpers zur Vervollkommnung einer unsterblichen Seele weiß. Jedoch dieses dem Menschen aus purer Uneinsichtigkeit und Zeitmangel einfach mal verborgen bleibt?

Wenn man an die Religionen seine Augen richtet und blickt auf das was auch immer als absolutes gilt, so muss man sich fragen ob das absolute dort, das transzendete Wesenheit das über allem steht durch die Auslegung zum absolut Guten/Bösen seine Absolutheit an sich und in sich verliert.

Wäre Gott absolut gut, gäbe es die Sünde nicht. Aber was ist wenn die Sünde selbst ein Gut von Gott ist um den Menschen von sich aus zu vervollkommnen und nur der rechte Blick darauf uns verborgen ist.

An nichts wächst der Mensch so sehr wie an dem Aufstehen nachdem er gefallen ist und daran gelernt hat.

Aber sie geschieht immer als Grund zu, als Weise um zu. Welcher Fall in welchem Abschnitt des Lebens es auch immer sei, er ist niemals ohne Grund und Hintersinn.

Nur das erkennen fehlt uns. Wenn du es als Falsch ansiehst wenn man etwas bekommt oder nicht bekommt, sollte man auf die Zeit davor zurückblicken und besehen wieviel Veränderung dies in mir und auf dritten hinterlassen hat.

Es ist eine andere Art von Wert, ein wahrer Wert der in den Dingen und Umständen selbst verborgen liegt, der wächst und in darin schon lag. Nur den meisten Menschen fehlt der Weitblick aus ihrer Fokussierung oder die Fokussierung durch ihren Weitblick.

In dem gibt es noch nicht was geboren ist um in das zu passen was ich in dem allem sein sollte. Eine gesunde Gesellschaft sollte für alles einen berechtigten Platz haben.

Es ist in dem Individualismus des Moments des einfach Erlebens des Selbst in dem man das absolut andere erkennt. In sich und an sich und man versucht es zu greifen und schafft es wieder nicht.

Es ist einem zu verwachsen um es zu ertasten und trotzdem spürt man es in sich. Im Moment der im Nichts ist und Gleichzeitig zu tief zu einem spricht und einem viel zu viel sagt als man aushalten möchte. Dann sehe ich auf und sehe das Endliche vor mir und um mich.

Wo fängst du an?

Beim Bewusstsein oder ist das ich die Seele? Alles was an einer Sache Gewicht hat, hat auch eine bestimmte Form von Wahrheit.

Da alles was in einem Menschen Schwere -positive wie negative- hat, hat auch eine Wahrheit in sich die er erkennen soll.
Für sich oder an sich und/oder seinem Leben-seiner Welt.
Diese muss nicht zwangsläufig für dritte wahrnehmbar sein, sondern kann unter Umständen nur für ihn selbst auf ihm oder an ihm oder seinem Leben Gewicht haben. An diesem individuellen Gewicht das für den Einzelnen an sich oder nur durch ihn Nachweisung erfährt, sollte er weniger Zweifeln wie alles was für ihn selbst weniger Schwere an sich oder auf ihm hat.
Das ist eine Wahrheit die nur für ihn selbst bestehend eine Wahrheit bzw. einen Nachweis haben sollte. Eine Wertung durch dritte Erfahrend mindert eher die Wahrheit in der Sache, während eine individuelle in Bezugsetzung, die frei von Urteil aus Altem oder Drittem ihm eine Wahrheit zeigt und ihm zu einer größeren Vollendung in sich bringt.

Wenn es etwas gibt das einem Menschen die Identifikation raubt so ist es das blinde Absolute.

Es raubt einem das selbst und lässt einen Nichtschwimmer nie mehr ohne fremde Hilfe ans Ufer kommen. Da nehme ich das Verlorensein in sich wie das Suchen nach etwas anderem als das Alte in der Welt in einem Wort.

Der Mensch muss sich mit sich und seiner Geschichte unvoreingenommen selbst auseinandersetzen und sich selbst ein Bild von sich, der Welt und sich in der Welt machen.

Leider befinden wir uns in einer Welt in der das nur sehr selten der Fall ist.

Alles sucht einen Kern und ein Dahinterstehen von etwas das Mehr und Größer ist.

Etwas noch besseres eine Schmerzbefreiung. Beim verlieren im Weg fängt einen das Absolute und frisst einen von innen her auf.

Es füllt einen Neu auf mit Hitze und gleißend blind machenden Licht, das ein freies Blicken auf die Welt unmöglich macht.

Auch wenn es mit uns
ein Kreuz ist oder Samt,

           das Leben was das unsere
                auch immer ist,

      <u>**ist ein Sei.**</u>

        …..

Ewig ist es in mir,
dein Anker stemmt hinfort,
was schwach war immerfort.

Kette spannt vom seichten Wehen,
fassen lichtlose Blicke ihn nur an.

Schritte lenken ihn mir weiter,
durch der Wüste ewig Sand.

Reist er mir fort auch all das Fleisch,
dieses Herzlot ist mir steht's ein Segel.

Deine Augen leuchten aus ihm heraus,
durch alle Nebel weisen sie, mich
reichgemachten Fischer.

Tiefe Klingt an mich, aus
ewiger Hallen schallt es mir, dort
ein Zaubern das nie mehr zaudert.

Fester Hand senkt sich der Hammer
meiner Schmiede,
dessen Feuer nie verlöscht,
denn seit du bist ist es Immerganz.

Bande sind es diese Wahren,
andere währen mir zu erlogen,
von mir für mich von dir in mich.